Gerda Wilmanns

Der offene Horizont

Johannes Kiefel Verlag
Wuppertal-Barmen

Mit Protest auf die Welt gekommen

Da liegt der kleine Kerl. Er schreit! Er schreit aus Leibeskräften. Die Augen sind zu Schlitzen geworden. Von der Kinnpartie zieht sich ein richtiger kleiner Wulst über den Nasenrücken und gibt dem Gesichtchen einen komischen Ausdruck höchsten Verdrusses. Und dabei wird er doch so gut umsorgt! Ein weiches Tuch hüllt ihn ein, ein frisches Babyjäckchen schützt ihn vor Kälte, ein starker Arm hält ihn – und doch schreit er!

„Gott sei Dank, daß er schreit!" sagen Arzt und Hebamme nach der Geburt; denn der Schrei ist das erste Zeichen des Lebens und der Selbständigkeit des Neugeborenen. Mit einem Schrei begrüßt der Mensch die Welt, auf der er leben soll. Geborenwerden ist eine maßlose Anstrengung für das kleine Wesen, es arbeitet, es windet sich heraus aus dem schützenden Mutterschoß in eine fremde, zunächst furchtbare kalte Welt. Ein berühmter Biologe hat gesagt, Geburt sei Sturz ins Leben. Wie sollte das winzige Geschöpf da anders reagieren als mit Protest? Protest ist das richtige Wort, denn es steckt Unbehagen und gleichzeitig Selbstbehauptung darin – beides wird das Neugeborene tausendfach im Leben zu erfahren und zu praktizieren haben. So zeigt sich im ersten unmelodischen Laut etwas von der Erlebens- und Lebenskraft des kleinen Wesens.

Wer heute in den siebziger Jahren konfirmiert wird, der weiß etwas von den Forschungen der modernen Wissenschaft, die sich stärker denn je zuvor mit den allerersten Erfahrungen eines

Säuglings befaßt. Es sind Erlebnisse, die kein Mensch in seinem Bewußtsein festhalten kann und die dennoch tiefe Spuren in seinem Wesen hinterlassen. Darum ist es besonders folgenreich, was mit solch einem Neugeborenen geschieht. Es kann ihm gar nicht genug Hilfreiches und Liebevolles angetan werden. Dabei ist es fast am wichtigsten, daß die Erwachsenen auf die ganz feinen Unterschiede im Geschrei horchen: Ist es Hunger oder irgendein anderes Unbehagen? Ist es große Not, Angst oder bloßes Gequengele? Ist es ein Wimmern der Hilflosigkeit oder ein Zeichen für kräftiges Begehren? Kein Erwachsener, der nicht einmal seiner Umwelt dieses angestrengte Lauschen abverlangt hätte. „Kinder, was hat der geschrien!" heißt es später wohl von manchem, der inzwischen ein gesetzter, bedächtiger Mensch geworden ist.

„Und wie war es bei mir?" will einer wissen. Da werden Photos geholt: „Schau, wie du gebrüllt hast!"

Oder es wird ein Tonband abgespielt: „Erkennst du deine Stimme?"

„Um Himmels willen, das Konzert soll ich gemacht haben?!"
Das war kein „süßes Baby", das war ein Erdenbürger, der seine Forderungen angemeldet hat! Mit Protest haben wir alle einmal auf unsere Umwelt reagiert, in aller Hilflosigkeit doch schon von Lebenswillen erfüllt.

Hat man auch die Taufe so empfangen, so lärmend wie dieser kleine Kerl? Eltern und Paten wissen noch in späteren Jahren zu erzählen, wie man vorgesorgt hatte, wie man mit allerlei Kniffen und Künsten den Täufling dahin hatte bringen wollen, daß er die heilige Handlung nicht durch Geschrei störe. Und dann war es vielleicht doch geschehen, da fing das Kind an zu wimmern und zu querren. Kein Schaukeln half, kein „tz-tz-tz" der

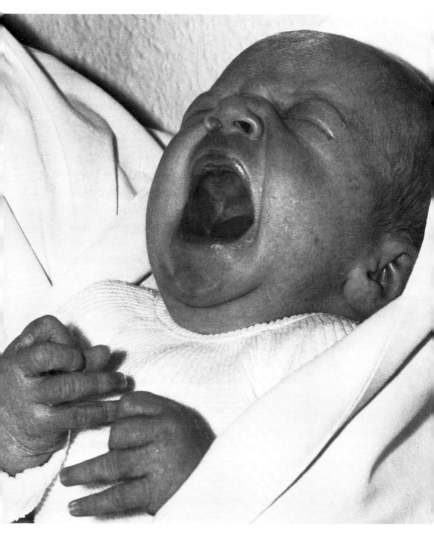

Patentante. Der Tante war es heiß und kalt über den Rücken gelaufen, als sie mit dem Schreihals zum Taufbecken ging. Immer lauter wurde das Gebrüll, und als das Taufwasser das Köpfchen kühl kitzelte, da steigerte sich der Lärm noch. Das war ein Konzert!

Aber was machte das schon aus, ob der kleine Mensch die Taufe schreiend, still, wachend oder schlafend über sich hat ergehen lassen! In der Kindertaufe wird etwas Wichtiges deutlich: Am Anfang des Christseins steht nicht der Mensch, sondern Gott. Gott der Herr spricht das kleine Wesen an: „Ich habe dich bei deinem Namen gerufen, du bist mein." Später einmal kann das Kind antworten, kindlich zunächst und mit wachsendem Verstand immer bewußter. Zur Zeit der Konfirmation hat der Täufling von einst begriffen, daß er in eine Welt hineingeboren wurde, die nicht leicht und einfach zu bewohnen ist, die vielmehr seine Kräfte herausfordert und die Probleme auferlegt. In der Taufe hat Gott ihm vor Jahren seinen Beistand zugesagt. Der Protestschrei des Neugeborenen hat damals eine Antwort vom Herrn der Welt bekommen. In der Konfirmation erwidert nun der junge Mensch: „Ja, Herr, ich will versuchen, in der schwierigen modernen Welt nach deinem Willen zu leben."

Vertrauen muß wachsen

Das kennen wir: den Sprung ins kalte Wasser! Wir hatten uns auf das kühle Bad gefreut, hatten förmlich nach Abkühlung gelechzt, und dann war es in der ersten Viertelminute gar kein reines Vergnügen, sondern ein schöner Schock. 10 Grad Unterschied – darauf reagiert der Körper zunächst mit Unbehagen, selbst wenn man sich wer weiß wie darauf gefreut und innerlich eingestellt hat. – Wie muß es beim Neugeborenen sein: Aus 37 Grad Körpertemperatur des Mutterleibes in 22 Grad Zimmertemperatur, ein Unterschied von 15 Grad. – Eiseskälte ist die erste Lebenserfahrung! Am Anfang steht der Schock, und der muß überwunden werden. Vertrauen muß wachsen. Nur wer vertrauen kann, kann leben!
Das wissen diese jungen Eltern. Sie beugen sich über das Kleine. Drei große warme Hände berühren das winzige Körperchen. Vorsichtige, leise Laute dringen an sein Gehör, der Atem des Vaters streicht ganz sanft über seine Bäckchen, und so wie die beiden großen Menschen sich da zu ihm hinunterneigen, bilden sie eine Einheit und sind wie ein Gewölbe, das alles Fremde und alles Kalte von ihm fernhält.
Wie wach die Augen des Kindes in die Welt gucken! Eben noch hat der Säugling zu den Eltern aufgeschaut und dann sein Köpfchen weggedreht, um ringsum zu sehen. Das Kleine hat sich nicht von seinen Eltern abgewendet, es war anders: Von so viel Liebe, Heiterkeit und Zuwendung umgeben, hat das Kind Mut bekom-

men, nun auch anderes in den Blick zu nehmen. Gleich wird es sein Gesichtchen wieder den Eltern zukehren und in der Zappelsprache zu ihnen reden. – In der liebevollen Zuwendung der Eltern zu ihrem Kind spricht eine ganze Welt zu ihm. Ansprache braucht jeder Mensch, um leben zu können. Vor hundertfünfzig Jahren dichtete Clemens Brentano ein Wiegenlied:

Singet leise, leise, leise,
singt ein flüsternd Wiegenlied,
von dem Monde
lernt die Weise,
der so still am Himmel zieht.

Singt ein Lied so süß gelinde,
wie die Quellen
auf den Kieseln,
wie die Bienen um die Linde
summen, murmeln,
flüstern, rieseln.

In der Aufforderung des Dichters, Mond, Quelle, Kiesel, Bienen und Linde in ihrer zarten Weise nachzuahmen, ist zugleich ausgesprochen, daß das Kind in eine freundliche Natur hineingeboren wurde. Alles spricht zu ihm, alles ist zu ihm hin, um sein Vertrauen in dieses Dasein wachsen zu lassen.

Es will uns fraglich erscheinen, ob zu diesem Baby Quelle und Linde sprechen können, ob es nicht vielmehr in einer modernen Drei-Zimmer-Wohnung aufwächst, zu der Verkehrslärm und Abgase hinaufdringen. Da ist es um so wichtiger, daß das kleine Wesen Geborgenheit empfindet aus der Nähe der Eltern. Wenn Quelle und Bäume, Kiesel und Bienen das moderne Großstadtkind nicht erreichen, dann braucht es die Ansprache durch Menschen um so dringender.

In unserer Zeit begreifen wir es mehr und mehr, daß sich jedes Wachstum, das körperliche wie das geistige, im Gespräch vollzieht. Es müssen nicht immer artikulierte Worte und Sätze sein, es kann eine Gebärde oder ein Gesichtsausdruck sein, ein Geschenk oder eine wortlose Geste – alles ist Sprache, auf die der Mensch, und ganz besonders der junge Mensch, reagiert. Er muß so unendlich viel lernen, ehe er im Leben festen Fuß fassen kann. Das Allerwichtigste ist, daß er lernt, Vertrauen zu haben. Vertrauen will gelernt sein, Vertrauen muß wachsen. Vertrauen entsteht im lebendigen Austausch zwischen dem Kind und seiner Mitwelt.

Der junge Erwachsene ist noch nicht fertig – wird ein Mensch je fertig? – in dem Sinne, daß er die freundliche Ansprache nicht mehr bräuchte. Dennoch ist mit dem Konfirmationstag ein wichtiger Punkt im Leben erreicht: Viele haben bisher in seinem Leben zu ihm gesprochen – heute soll er ein gewichtiges Wort zurückgeben. Ein Versprechen, und sei es noch so vorsichtig formuliert, kann man nur geben, wenn man Vertrauen hat: Vertrauen in die eigene Kraft, sein Wort zu halten; Vertrauen zu dem, der das Versprechen entgegennimmt, daß er es nicht mißbraucht oder mißdeutet. Dies Vertrauen wachsen zu lassen, das haben Eltern und Paten zu bewirken versucht, darum sind sie am Konfirmationstag nicht Zuschauer, sondern Mitbetroffene. Das Versprechen freilich wird nicht mehr zu ihnen gegeben, es ist zu Gott hin gerichtet und bedeutet im letzten: Ich will mein Leben führen, indem ich mich auf dich verlasse.

Herr, ich vertraue auf dich.
Sei mir ein starker Fels, eine Burg.
Ich freue mich über deine Güte.
Du stellst meine Füße auf weiten Raum.

Aus Psalm 31

Enge weite moderne Welt

Ein Betongebirge, Rasenfläche und einige frisch gepflanzte Bäumchen mit noch schütterem Laub, das ist die Szene! Junge Leute hocken auf dem Rasen, sind im Gespräch. Zwei im Vordergrund haben sich so gelagert, daß sie die Gesichter einander zuwenden können, doch das Mädchen schaut nicht den jungen Mann an, sondern nachdenklich in ein Nirgendwo; der Blick faßt nichts, weil die Gedanken offenbar ganz nach innen hin, auf ein Problem gerichtet sind. Dennoch gehören die beiden fraglos zusammen, sie sind Partner, die zwanglos, völlig selbstverständlich miteinander umgehen. Beide sind äußerlich entspannt, so leger wie sie sich da auf den Rasen geworfen und zunächst einmal eine Bierbüchse geleert haben. Aber nun dösen sie nicht vor sich hin, sondern sie haben sich halb aufgerichtet und einander gesprächsweise zugewendet. Er muß ein kräftiger Kerl sein, das erkennt man an seinem breiten Rükken und den Armen. Sie scheint auch ein sportliches Mädchen zu sein, keine Gazelle – zwei junge Erwachsene, die in ihrem Leben später das ernten und praktizieren werden, was heute in dem Universitätsgebäude hinter ihnen geforscht und gedacht wird.

Wie eng ist der Lebensraum dieser jungen Menschen! Da türmen sich zwanzig Stockwerke aufeinander und verstellen den Horizont. Tausend gleichförmige leere Fenstergläser starren herab. Gewiß: die Architekten haben sich Mühe gegeben, den Menschensilo ein wenig zu gliedern; aber was vermögen die herausragenden Aufzugschächte und die abgestuften oberen Stockwerke schon zu bewirken? Der Gesamteindruck eines architektonischen Alptraumes bleibt. Die Bäumchen als ein Stück „Natur" wirken davor so lächerlich, daß es schon wieder rührend ist! – Achtzig von hundert Studenten, die in diesem Gelände ihre Ausbildung erhalten, sind inmitten von Beton groß geworden. Ehe die Kinder eine richtige Kuh- oder Schafherde gesehen haben, hat man ihnen schon eingehämmert: „Bei Rot darf man nicht über die Straße gehen! Paß auf die Autos auf!" Die Welt der modernen jungen Leute ist von Anfang an voll von Ampeln, Asphalt und Beton. Wie sollten sie da nicht auch gemütlich zwischen den Hochhäusern Pause machen? Das Paar jedenfalls hat dort ganz selbstverständlich Platz genommen.

Ist seine Welt denn nicht auch gleichzeitig unendlich weit? In jedem der tausend Räume ist eine Telefonleitung, die Verbindung schafft bis zum äußersten Winkel der Erde. Gilt das Gespräch der jungen Leute den Problemen der Menschen in fernen Erdteilen, die uns doch so nahegehen? Werden die beiden in den Ferien nach Skandinavien fahren oder auf den Balkan? Sie leben in Enge und Weite zugleich. Als Kinder galt für sie nicht nur „Hänschen klein ging allein in die weite Welt hinein...", sondern auch: In jeder Minute ist die ganze Welt dir nah. Heute begreifen sie: Die Welt geht dich etwas an!

Fülle des Lebens

„Das ist ein Song! Der Sound ist dufte!" so denken sicher etliche der Zuhörer. Der hinter seiner dunklen Sonnenbrille so gelöst dreinschauende Mann aus der älteren Generation wird etwas Ähnliches empfinden und es vielleicht als „Fülle des Lebens" bezeichnen, was aus den Gesichtern der vier Sänger spricht. Was ist das aber auch für ein Anblick! Vier junge Leute zwischen achtzehn und achtundzwanzig singen – singen, umgeben von einer Zuhörerschaft vorwiegend junger Menschen. Woher mögen die vier Sänger kommen? Irgendwoher von den karibischen Inseln? Aus Südamerika? Der riesige Mexikanerhut, die exotisch gemusterten Ponchos, die Handtrommeln weisen auf ein Herkunftsland fern von Europa und fern von unserer oft so müde machenden Zivilisation. Der Song muß eine enorme, ursprüngliche Kraft haben; man meint das zu *hören,* wenn man die Gesichter *sieht.* Alle vier wirken befreit, glücklich, gelöst. Ganz besonders der älteste, der in der Mitte sitzende Mann zeigt einen Gesichtsausdruck großer Güte. Er hat eine starke persönliche Ausstrahlung und ist ganz offensichtlich der Boß, dem sich die drei jüngeren Leute zugesellt haben. Alle vier haben etwas zu sagen. Kommen sie von den Jesus-people und verkünden sie: „Jesus liebt dich! Verlaß dich auf ihn!"? Sind es Protestsänger, die in eine bessere gesellschaftliche Zukunft rufen? Was auch immer: Sie haben etwas zu sagen. „Fülle des Lebens" ist ihnen nicht fremd, weil sie einen Lebenssinn gefunden haben, den sie nicht für sich behalten, den sie weitersagen, weitersingen. Sie rufen zur Freude auf. Sie singen diejenigen an, die sich aus triftigen oder nur eingebildeten Gründen frustriert fühlen. Wie viele mögen unter den Zuhörern sein, die innerlich unwillig und unzufrieden sind, die ein Unbehagen spüren, das sie selbst kaum deuten können, weil es daher rührt, daß sie den Raum der Kindheit verlassen und den richtigen Platz in der Gesellschaft noch nicht gefunden haben.

Ein Autor aus der DDR hat vor kurzem einen solchen jungen Mann geschildert, Edgar (er könnte übrigens genausogut aus der Bundesrepublik stammen), der von seinem ganzen angepaßten Leben die Nase voll hatte, dem alles „stank". Edgar zieht sich mit seinen heiß geliebten Blue jeans in ein verlassenes Gartenhaus zurück,

gammelt dort so richtig vor sich hin und hat eine Riesenfreude an seinem selbstgefertigten Song:

Oh, Blue jeans	Oh, Blue jeans
White jeans? – No	Old jeans? – No
Black jeans? – No	New jeans? – No
Blue jeans, oh	Blue jeans, oh
Oh, Blue jeans, jeah	Oh, Blue jeans, jeah

Ist Edgar möglicherweise unter den Zuhörern der vier Sänger? Wenn ja, dann wird er sich besonders zu dem Trommler hingezogen fühlen; der schmettert sein Lied so kraftvoll wie er seinen Song. Spätestens aber beim Hinschauen auf den mittleren Gitarrenspieler wird er begreifen, daß die Freiheit, die er sucht, mehr ist als nur Ungebundenheit. Sie muß einen Inhalt haben: Fülle des Lebens. Vielleicht zeigen ihm die Sänger einen Weg dorthin.

Manchmal frage ich mich,
warum es den lieben Gott gibt,
der so vollkommen ist
und etwas so Unvollkommenes geschaffen hat
wie den Menschen.

Manchmal frage ich mich,
warum unsere Welt so alt geworden ist
und nichts daraus gelernt hat,
denn wir bauen immerzu am Turm von Babel,
und zwischendurch erholen wir uns
beim Tanz um das goldene Kalb.

Manchmal frage ich mich,
woran ich mich halten soll,
so hoch oben am Turm von Babel,
denn vielleicht stürzt er bald ein,
auch wenn er so aussieht
wie ein fester glattgefügter Wolkenkratzer,
oder bei den Parties,
wenn wir whiskytrinkend um das goldene Kalb tanzen.

Manchmal, wenn ich vor lauter Zigarettenqualm
vor den Augen blind verzweifelt
nach etwas Reinem taste,
dann bin ich froh,
daß es den lieben Gott gibt.

Ingrid Richthammer

Aufgaben des Lebens

Ist es das hundertste oder das fünfhundertste Mal im Leben des Karl-Heinz, daß er da am Tisch sitzt bei seinen Schulaufgaben? Wie ein Brett ist es vor seiner Stirn! Die Zahlen und Buchstaben im Heft tanzen vor seinen Augen. Draußen laufen Birgit und Klaus seit einer halben Stunde schon Rollschuh – rmm rmm –, er sieht richtig, wie sie elegante Bogen machen und dann plötzlich bremsen und zum Stillstand kommen! „Karl-Heinz, mach voran, komm!" rufen sie hinauf. Und er sitzt und sitzt am Tisch, das Haar ist feucht und wirr geworden, weil er es sich wohl zwanzigmal aus der Stirn gestrichen hat. Und er kriegt die Dreisatzaufgabe nicht heraus! Funkstille im Kopf!

Karl-Heinz möchte das Heft an die Wand werfen, das Schulbuch auf den Sperrmüll bringen – weg, aus seinen Augen! Aber er weiß ja viel zu gut, daß ihm das gar nichts nützt. Schließlich will er doch versetzt werden. „Karl-Heinz, beeile dich!" tönt es von unten...

Da kommt die Oma – sie will Kaffee machen. „Warte, Junge, ich helfe dir gleich!" Sie setzt

das Wasser auf und die Kaffeemaschine in Betrieb, gießt auf, und dann, während die ersten leckeren Düfte die Küche erfüllen, wendet sie sich dem Jungen zu. Dreisatz? – ach, das ist schon lange her, daß sie selbst solche Aufgaben rechnen mußte. Wie man da herangeht, weiß sie gar nicht auf Anhieb, aber sie beugt sich über den Enkel, ist ganz für ihn da, ist ganz geduldig, treibt ihn nicht zur Eile. „Zeig mal, wo bist du denn?", und indem sie den Finger auf die Stelle legt, wo es vorhin bei Karl-Heinz ausgesetzt hat, hören die Buchstaben auf zu tanzen. Ah, richtig! – das ist die Lösung! Großmutters Nähe hat ihm zur Konzentration verholfen. Jetzt ist er wieder flott. Noch zwanzig Minuten, und er ist fertig und kann unten mit Rollschuh laufen. Seine Bogen gelingen heute besonders gut, weil er sich so erleichtert fühlt; die Schularbeiten sind gemacht, er hat sie nicht auf den Abend verschoben, wo sie bekanntlich nichts werden, und nun hat er drei Stunden Freiheit . . .

Das ist fein, wenn ein älterer Mensch so freundlich beistehen kann, und es ist eine verhältnismäßig einfache Situation, wo Geduld und Liebe genügen, um die Aufgabe lösen zu helfen. Es gibt ja Schwereres, wo der helfende Arm einfach nicht hinreicht, und es gibt Situationen, die der junge Mensch ganz allein bestehen muß. Da sind die Prüfungen! Es wird heute viel darüber gesprochen, wie man sie sinnvoll und gerecht gestalten kann. Was immer man da noch heraustüfteln wird: Die Spannung und die Aufregung vor einer Prüfung werden bleiben. Vor Jahren konnte sich eine Zehnjährige, der man die besten Chancen für ein glanzvolles Prüfungsergebnis zusprach, einfach nicht beruhigen. „Und wenn ich nun durchfalle?" – „Du fällst nicht durch!" – „Aber ich könnte doch mal alles vergessen haben und nicht bestehen!" – „Du hast immer fleißig gelernt, das

ist ganz unmöglich, daß du versagst!" – "Und wenn ich nun aber doch durchfalle?"
Die Mutter wußte sich nicht mehr zu helfen und sagte: "Dann kriegst du zehn Mark." Da war das Kind beruhigt und bestand die Prüfung glatt.
Man möchte einem jungen Menschen beim Eintritt ins Leben viele gute Helfer wünschen angesichts der vielen Aufgaben, die gelöst sein wollen. Wer zur Konfirmation geht, ahnt, daß alle Aufgaben letztlich von Gott gestellt sind und daß die Kräfte zu ihrer Bewältigung von ihm erbeten werden wollen. Dann aber heißt es auch, die eigenen Kräfte anspannen, alle Kräfte einsetzen, um in schwierigen Situationen durchzuhalten. Dann stellt sich auch die Freude ein, Aufgaben anzupacken, Mut zur Entscheidung und Dankbarkeit gegen alle guten Helfer auf dem Lebensweg.

Laß uns in deinem Namen, Herr,
die nötigen Schritte tun.
Gib uns den Mut, voll Glauben, Herr,
heute und morgen zu handeln.
Laß uns in deinem Namen, Herr,
die nötigen Schritte tun.
Gib uns den Mut, voll Hoffnung, Herr,
heute von vorn zu beginnen.
Laß uns in deinem Namen, Herr,
die nötigen Schritte tun.
Gib uns den Mut, voll Glauben, Herr,
mit dir zu Menschen zu werden.

Kurt Rommel

Arbeit und Freizeit

Schorsch macht Pause. Irgendwo in der Stadt hat er einen Platz gefunden. Der Blumenkasten, in dem die Geranien nur kümmerlich wachsen – sie bekommen zu wenig Sonne und zu viel Abgase – bietet Gelegenheit zum Verschnaufen. Was für kräftige Hände er hat – richtige Pranken! Die können was anpacken. Schorsch wirkt nicht eben heiter gestimmt; aber sein Gesicht ist auch nicht müde und stumpf. Angespannt schaut er auf etwas, das sich in einiger Entfernung von ihm abspielt und das sein Nachdenken anregt. Es ist ein kritisches Nachdenken. Nicht daß er sich zum sofortigen Handeln aufgefordert fühlt, aber irgend etwas muß seinen Unmut herausfordern. Denkt er über die Gesellschaft nach, die ihm nicht behagt? Macht ihm seine Arbeit keine Freude? Wird er gleich aufstehen und mit einem kräftigen „Sch..." seine Werkzeugtasche packen und zum nächsten Arbeitseinsatz gehen? Wenn es so ist, wenn er sein Berufsleben freudlos und unbefriedigt absolviert, dann stimmte der Slogan auf dem Plakat hinter seinem Rücken: „Alles dreht sich ums Wochenende". Dann würde er also fünf Tage malochen, um Samstag/Sonntag auf dem Motorrad allem zu entfliehen. Eine windige Sache wäre das, so windig wie die albernen Rosetten auf dem Plakat.

Wie schön wäre es, wenn Schorsch sich im nächsten Augenblick aufrappeln würde, wenn sich seine große Gestalt straffte und wenn ein freundlicherer Zug auf sein so gut geschnittenes Ge-

sicht träte. Wie gesund ist er, was kann dieser kräftige Kerl schaffen, wenn er so richtig anpackt! Zu Hause hebt er seinen zehnjährigen Bruder am ausgestreckten Arm in die Höhe. Er braucht einen Platz, wo er sich voll einsetzen kann, wo ihm etwas abverlangt wird und wo er Bestätigung findet. Dann wird sein Wochenende auch nicht zur Flucht, sondern Ausgleich, Erholung, Ausspannen, dann stehen Arbeit und Freizeit im rechten Verhältnis zueinander.

Junge Leute, die heute ins Berufsleben eintreten, haben zweierlei zu lernen: Da ist zunächst der Arbeitsalltag, wo Pünktlichkeit und Präzision von ihnen gefordert wird. Sie sind ja Glieder in einer arbeitsteiligen Produktionskette; wenn es an einer Stelle nicht klappt, hat das Folgen fürs Ganze. So heißt es, die Teilfunktion ernstzunehmen, auch wenn sie oft monoton ist. Dazu kommt noch, daß der Jüngste an der Arbeitsstelle meistens wenig gilt. In der Schule war man unter lauter Gleichaltrigen; jetzt ist man Lehrling oder Stift. In der Schule konnte man gelegentlich ein wenig abschalten, der Lehrer merkte es nicht immer, und die Klassenkameraden ließen einen auch nicht im Stich. Jetzt ist man allein am Arbeitsplatz und muß für jedes Stück geradestehen. Das bedeutet oft genug Zwang, den man in dieser Konsequenz bisher nicht kannte. Selbst wer nicht in einer großen Werkhalle steht, sondern auf dem Bürosessel sitzt, fühlt sich oft eingeschlossen in unerbittliche gesellschaftliche Strukturen.

Darum ist heute das Verlangen nach Freiheit und Freizeit so übergroß, und so will auch dies gelernt sein: die Freizeit zu gestalten, damit man neu gestärkt wird für den Berufsalltag. Je sinnentleerter die Teilfunktion am Arbeitsplatz ist, um so inhaltsreicher müssen das Wochenende und der Feierabend sein, damit die Seele des Menschen nicht verkümmert. Wenn die freie Zeit durch irgendein Hobby sinnvoll ausgefüllt wird, dann entdeckt man vielleicht auch im Berufsleben Möglichkeiten, die Monotonie zu durchbrechen. Und wenn es nur die Freude daran wäre, daß man gesunde Glieder hat und Kollegen, mit denen man sprechen kann.

Schorsch macht Pause. Sein Gesicht ist nicht stumpf. Seine Augen blicken scharf. Wie wäre es, wenn er gleich aufstünde, sich reckte, seine Muskeln spielen ließe in Vorfreude auf das Schwimmtraining heute abend und wenn er seinen Arbeitskollegen, die heute Innendienst haben, eine Tüte Pommes frites vom Außendienst mitbrächte?

Freiheit

Birgit ist ausgeflipt. – Sie hatte „es" satt! – Sie wollte Freiheit. – Was hatte sie satt? Das tägliche Gleichmaß: Morgens pünktlich die Tasse heißen Kaffee auf dem geschmackvollen Frühstücks-Set, die tägliche Ermahnung: „Kind, iß doch noch ein zweites Brötchen, du bist zu dünn!", die allmorgendliche Zeremonie beim Abschied und dann das „Paß-schön-auf! Hach, deine Haare ...!" Jeden Morgen das gleiche in der Straßenbahn: Hastiges Abschreiben aus Utes Heften, weil man selbst am Nachmittag nur Platten gespielt und sich im entzückend eingerichteten Jungmädchenzimmer gelangweilt hatte. Und dann der öde Schulvormittag, lustloses, interesseloses Dabeisitzen, gleichgültig ob in Englisch, Mathe oder Deutsch. Birgit hatte es satt, einsilbig am Eßtisch zu sitzen und sich das liebevoll bereitete Essen nicht schmecken zu lassen. Sie hatte das elegante Badezimmer satt, diese Hygiene, diese wohlabgestimmten Farben, wo noch die Toilettenbürste im Design auf die Seifenschale abgestimmt ist. Sie wollte raus – raus! Ins Unbekannte, wo es Überraschungen gibt, ins Weite, wo man sich noch verlieren kann, in die Gefahr, in der die feste Gemeinschaft mit anderen wächst, ins Geheimnis, in eine neue, freie Welt.

Birgit ist in einer Gruppe junger Leute gelandet. Auf der vom Sperrmüll geholten Matratze träumt es sich besser als auf der Couch daheim. Keiner fragt danach, wann das Haar zum letztenmal gebürstet wurde. Der Regen auf dem Zeltdach ist interessanter als die Kleine Nachtmusik von Mozart aus der Stereoanlage im Jungmädchenzimmer. Und die Kumpels sind Klasse. Mit denen versteht sie sich wortlos. Und wenn die Polizei kommt und die Ausweise prüft, nach „Stoff" sucht und der „Stoff" listig versteckt wird, das ist etwas anderes als das harmlose Spähen des Lehrers nach dem Pfuschzettel. „Die Bullen kommen!" das ist ein Signal, da stockt einem der Atem noch echt. Und nachher dieses Gefühl der Zusammengehörigkeit, wenn die Polente fort ist, wenn Jäcki seine Flöte holt, wenn die Pfeife von Hand zu Hand geht und wenn man, jeder allein und doch in Gemeinsamkeit, in Träumen versinkt.

Birgit ist ausgeflipt. Neulich war sie mal wieder zu Hause. Die alte Hose war vollkommen durch, die Cordhose mußte her, und die Stiefel aus dem Schrank waren besser als die abgelaufenen Sandaletten. Die Eltern waren gerade nicht da, die Raumpflegerin hatte laut aufgeschrien. Birgit hatte sie einfach mit dem Ellenbogen beiseitegepufft und war wieder gegangen.

Birgit ist fort. Beim Hasch ist es nicht geblieben. Jetzt fixt sie. Wenn das Gift seine Wirkung tut, ist sie völlig allein. Sie starrt ins Leere. Große Traurigkeit liegt auf ihrem Gesicht. Sie hat den Sinn – den Sinn ihres Lebens gesucht – gefunden hat sie das Nichts. Sie hat nach Freiheit verlangt und die Leere erreicht. Sie hatte auf Gemeinschaft gehofft und ist nun inmitten der Kumpels allein. Noch ist ihr Gesicht nur von Hoffnungslosigkeit gezeichnet, es ist noch nicht zerstört. Wird jemand sie auffangen? – Wer?

Birgit weiß nicht, daß sie und Tausende ihrer gleichaltrigen Genossen das durchleben, was der Dichter Gottfried Benn schon vor rund dreißig Jahren formuliert hat: „Das Leben ist ergebnislos, hinfällig, untragbar ohne Ergänzung. Es muß ein großes

Gesetz hinzutreten, das über dem Leben steht, es auslöscht, richtet, in seine Schranken weist." Dies große Gesetz ist nicht mit ein paar Worten zu verkünden. Birgit und viele junge Menschen mit ihr müssen es *erfahren,* daß Freiheit nicht Ungebundenheit bedeutet, sondern – dieses Paradox ist ihr Geheimnis – Bindung an ein großes Gesetz. Das „Ausgelöschtwerden", von dem Benn spricht, ist nicht der Rausch der Willenlosigkeit, sondern die Hingabe an eine Aufgabe. Viele Erwachsene stehen heute so ratlos vor den Ausgeflipten wie diese selber. Sie ahnen nur, daß hinter dem trotzigen „Raus aus allem Gewohnten" ein Leiden stand, ein großes Verlangen nach einem in Freiheit zu wählenden Lebensziel. Sie stehen an der Schwelle zum Erwachsensein mit der eigenen Lebensverantwortung und möchten sich gerufen hören.

Wir versagen oft – Herr, sei uns gnädig.
Wir fühlen uns oft allein –
erhebe dein Angesicht auf uns.
So viele Fragen sind ungelöst –
gib uns Frieden.

Kurt Rommel

Hören und Gehorchen

Klaus ist ein Contergan-Kind. Er ist verkrüppelt auf die Welt gekommen. Schlaff hängen die Pulloverärmel herunter, weil keine kräftigen Jungenarme in ihnen stecken. Er sitzt in einem Spezialstuhl, weil offenbar auch die Beine nicht genug entwickelt sind, um den sitzenden Körper im Gleichgewicht zu halten. Als Ersatz für seine Hände dient ein Gerät, das an einer Art Stirnband befestigt ist und mit dem er die Tasten einer Schreibmaschine bewegen kann. Schlimmer noch als das Fehlen der Gliedmaßen ist für Klaus das Fehlen des Gehörs. Jeder kann auf den ersten Blick die furchtbare Verstümmelung seiner Arme und Beine sehen; sein allerärgstes Defizit, seine Taubheit, bemerkt man erst, wenn man mit ihm sprechen will. Er kann nichts verstehen und darum auch nicht antworten. Er hat keinen Kontakt zur Außenwelt, außer seinen Augen.

Als Schwester Gertrudis vor fast dreißig Jahren den Entschluß faßte, Nonne zu werden und nicht mehr als Lehrerin in einer Schule für gesunde Kinder zu sein, war es ihre Antwort auf die große Erschütterung, die der Abwurf der Atombombe auf Japan ausgelöst hatte. Sie wollte künftig ihre Kräfte ganz in den Dienst beschädigter Menschen stellen und ihr eigenes Leben im täglichen Gehorsam gegenüber Gott leben. Damals ahnte sie nicht, daß sie einmal Kinder vor sich haben würde, die mitten im Frieden, mitten in einer Welt des Wohlstandes von einer ebenso entsetzlichen Katastrophe heimgesucht worden waren wie die

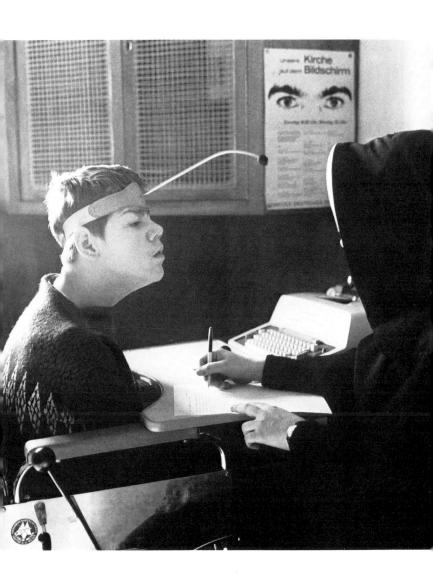

verkrüppelten japanischen Opfer der Atombombe. Heute sitzt Schwester Gertrudis Klaus gegenüber, um ihn sprechen zu lehren. Sprechen kann Klaus nur, wenn er vorher etwas vernimmt. Wie namenlos anstrengend ist dieses Hören! Der ganze Mensch spannt sich auf das eine: Vernehmen, aufnehmen, annehmen, was von Schwester Gertrudis an Impulsen ausgesandt wurde. – Ein Mensch mit normalen Ohren, der allenfalls unter einer Überfülle von Geräuschen leidet, weiß gar nicht, was „Hören" eigentlich ist. Klaus' Bild macht es aber auch für die Augen sichtbar: Hören bedeutet sich ganz dem zuwenden, der spricht, sich ganz konzentrieren auf das, was zu einem dringt. Hören kann Schwerarbeit sein und den Einsatz aller Kräfte fordern.

Im Alten Testament wird von Samuel berichtet. Samuel war etwa so alt wie Klaus und tat Dienst im Tempel. Er wird von Gott gerufen. Dreimal antwortet er rasch: „Hier bin ich!" und vernimmt nichts mehr von Gott. Beim viertenmal antwortet er: „Rede, denn dein Knecht hört." Da offenbart sich ihm Gott und beruft ihn zum Propheten in Israel. – Hören und gehorchen bilden eine Einheit. Manche Mutter, deren Kind auf mehrmalige Anordnung nicht reagiert, sagt wohl mit einer tieferen und lauteren Stimme als gewöhnlich: „Kannst du nicht *hören?!*" Dann weiß das Kind: Jetzt wird's ernst!

„Rede, ich höre, ich *will* hören!" Das liegt über der ganzen Gestalt von Klaus. In dieser Hingabe an das zu ihm Gesprochene macht er den Betrachter vergessen, daß er ein verkrüppelter Mensch ist. Man ist ergriffen, man hat Respekt vor dieser Leistung des Jungen. Man sieht seinem Gesicht an, daß das angestrengte Hören zum Erfolg geführt hat. Klaus ist nicht mehr total isoliert; sein Gesicht hat Ausdruck, sein Mund öffnet sich, wahrscheinlich spricht er schon einige Laute nach, auf die Schwester Gertrudis ihrerseits aufmerksam lauscht. So ist der Kontakt hergestellt, der mit unendlicher Geduld gepflegt sein will, damit er reicher und stärker wird. Menschen, die vor lauter Lärm, Geräusch und Wortgeklingel kaum noch wissen, was es mit gesammeltem Hören auf sich hat, werden durch Klaus angesprochen: *Das* heißt „Hören". Was für ein Wunder ist die Beziehung, die durch Reden und Hören hergestellt wird!

Ein junger Mensch, der konfirmiert wird, ist etwa so alt wie Klaus und Samuel. Könnte ihm Klaus verdeutlichen, was in dem Satz beschlossen ist: „Rede, Herr, dein Knecht hört"? Vielleicht kann Klaus ihn bestärken in seinem Vorsatz, im Gehorsam gegen Gott zu leben. Wie wichtig wäre dann dieser hilfsbedürftige Mensch für einen anderen geworden!

Herr, laß mich auf dich hören,
immer von neuem.
Ich erkenne deine Stimme oft nicht
unter den vielen Stimmen dieser Welt.
Du redest zu mir in deinem Wort
und durch andere Menschen.
Laß mich erkennen,
was ich tun soll, und gib mir Mut,
Kraft und Ausdauer zum Gehorsam.

Renate Borg

Glied der Gemeinde

Was wird hier verhandelt? Reinhard hat eine fabelhafte Idee. Das wird ein Projekt! Er teilt es seinem Team mit und rechnet ihm vor: Drei Gruppen brauchen wir noch, dann steht die Sache. Das wird ein Gemeindetag: Die Band spielt im Gottesdienst, die Frauenhilfe sorgt für die Würstchen, die nachher im Hof vor der Kirche gebraten werden; die Jungschar malt Transparente. „Und wir", so schließt Reinhard, „sammeln Diskussionsgruppen, in denen wird der Inhalt der Predigt durchgesprochen." Die drei Kollegen hören gut zu. Besonders der Pfarrer ist ganz Auge und Ohr für Reinhards Plan.
„Wir vier . . .", so sagte Reinhard eben, das war gut; denn „Gemeinde", das ist nicht: „Der Pastor und . . .", sondern Gemeinde, das sind *„wir"*.

Mit der Konfirmation ist der junge Christ in der Gemeinde mündig geworden, er ist Bürger in ihr und kann seine Bürgerrechte wahrnehmen. Die Gemeinde braucht die jungen Leute, damit sie nicht in alten Traditionen erstarrt, und der junge Mensch braucht den Austausch mit den Älteren, damit seine Ideen nicht in der Luft hängen, sondern die notwendige Prüfung erfahren. Manchmal prallen die Vorstellungen der verschiedenen Generationen hart aufeinander. Da ist es gut, wenn der Pfarrer vermittelt und erklärt, wie es aus der jeweiligen Sicht der Jungen und der Alten gemeint ist. Dieser Pfarrer hört

aufmerksam zu, ein kleines Lächeln spielt um den Mund. Vielleicht denkt er gerade: „Würstchen braten vor dem Gemeindehaus, ei wei wei, das muß ich dem Gemeinderat erst mal schmackhaft machen – aber ich kriege das schon hin. Und die Transparente, da muß ich mit den Herrschaften sprechen, damit sie nicht zu frech werden; aber es kann wunderbar klappen!" – Kann die Predigt da langweilig werden, wenn so viele Mitarbeiter mitdenken und mitplanen?

Wenn ein Projekt so eifrig vorbesprochen wird, dann bleibt die junge Gemeinde auch zur Mithilfe im normalen Gottesdienst bereit. Das sieht jeder ein: Ein Gottesdienst in neuer Gestalt kann nicht jede Woche stattfinden. Wie sehr können aber auch der übliche Gottesdienst und die laufende Gemeindearbeit die Mitgestaltung der Jungen gebrauchen! Da ist zum Beispiel eine scheußliche Akustik in der Kirche. Die Gemeinde klagt immer wieder, sie könne so schlecht verstehen. Geld für eine Lautsprecheranlage ist nicht vorhanden. Es muß aber Abhilfe geschaffen werden. Also tiftelt der Pfarrer mit den jungen Leuten aus, was man alles unternehmen kann, damit sich die Schallwellen nicht so stark brechen, und über diesen technischen Versuchen kann man dem Pfarrer auch noch sagen, was an seiner Predigtweise gut ankommt und was weniger. Und schon ist man mitten in der Diskussion über die Predigt, wie es eigentlich eine Selbstverständlichkeit sein sollte bei mündigen Gemeindegliedern.

Vielleicht wird dieses Akustiker-Team sogar zum Kern eines Predigtkreises junger Erwachsener, einer Gruppe, die bewußt darangeht, Altes und Neues im Gottesdienst miteinander zu verbinden. Warum nicht auch einmal einen Versuch wagen wie diesen, auf altbekannte Melodien von Kirchenliedern neue Texte zu dichten? Eine Gruppe hat es schon gemacht und auf die herrliche Melodie von „Wachet auf, ruft uns die Stimme" einen neuen Liedtext gefunden, der die junge Gemeinde ganz besonders angeht:

Wir sind hier, wir jungen Christen,
und bitten dich, uns auszurüsten,
Herr, mit dem rechten Ernst und Mut.
Mach uns frei zum guten Hören
auf deinen Willen, deine Lehren,
damit ein jeder wirklich tut,
was dir von uns gefällt:
den Dienst in dieser Welt,
froh und dankbar.
Hilf uns dabei, daß immer neu
dein Wille uns vor Augen sei.

Zeig uns, Herr, wohin wir gehen,
auch wer wir sind und wo wir stehen,
daß unser Leben Sinn erhält.
Sei du selbst für uns das Zeichen,
der Weg, die Kraft, daß wir erreichen,
was Jesus Christus aufgestellt:
gehorsam deinem Wort,
bereit, an jedem Ort
dir zu leben.
Herr, stell uns ein, dir treu zu sein;
denn du bist unser Gott allein.

Peter Spangenberg

Dank an die Eltern

Heiner ist seinem Vater um den Hals gefallen. War es Wiedersehensfreude nach langer Abwesenheit? Hat der Vater ihm einen heißen Wunsch erfüllt? Oder ist es das abschließende große Gelächter nach einer lustigen Balgerei? Wir wissen es nicht; aber das wissen wir: Zwischen diesen beiden herrscht innigstes Einvernehmen. Dieser Vater kann lachen! Wieviel Lachfältchen hat er um die Augenwinkel! Und Heiner kann lachen, daß er solch einen Vater hat. Wahrscheinlich steht die Mutter nicht weit von den beiden entfernt und freut sich mit an der Freude ihrer zwei „Männer" – eine glückliche Familie! Glücklich ist die Familie deshalb, weil eine ungetrübte Freundschaft zwischen Heiner und seinen Eltern besteht. Da ist nichts, das zwischen ihnen stünde. Mit allen Freuden und Kümmernissen kommt er zu ihnen und findet ein Echo. Sie freuen sich an seinen frohen Erlebnissen und ermutigen ihn, wenn er traurig oder gedrückt ist.

Ob es immer so bleiben wird? Auf dem Foto ist Heiner sieben Jahre alt. Jetzt wird er konfirmiert und hat Freuden und Probleme, die sich nicht einfach in einem Aufjauchzen oder Aufschluchzen ausdrücken lassen. Da gibt es schwierige Gespräche oder auch manchmal ein verdrucktes Schweigen, das erst gelöst werden muß, bis man sich in Worten und Sätzen langsam aufeinander zugetastet hat. Heiner wird den Vater auch unwirsch erlebt haben und die Mutter abgespannt und gereizt. Er selbst wird oft genug trotzig ins Bett gegangen sein; aber wenn er insgesamt an seine Kinderjahre zurückdenkt, wird er doch feststellen, daß er den Eltern unendlich viel zu verdanken hat. Sie haben ihm dazu verholfen, daß er Vertrauen zum Leben fassen konnte. Sie haben ihm beigestanden, als er beim Fortgehen seines besten Freundes seinen ersten großen Kinderschmerz verwinden mußte. Sie haben hinter ihm gestanden, als die großen Nachbarjungen ihn immer wieder mit Prügel bedrohten. Das war wunderbar, wie der Vater da mit den Jungen vernünftig sprach und mit Heiner jeden Abend einen kleinen Boxkampf veranstaltete, damit seine Muskeln und sein Selbstvertrauen wuchsen.

So hat Heiner verstanden, was im kirchlichen Unterricht besprochen wurde:

Wir glauben an Gott den *Vater,*
den Vater unseres Herrn Jesu Christi,
der auch unser Vater ist.
Er hat uns den Leib und das Leben geschenkt,
er sorgt sich um uns,
auch wenn sonst keiner an uns denkt.

Heiner hat aber auch verstanden, wieviel sein Freund Dieter seiner Mutter verdankt, die ihm beides sein muß, Vater und Mutter. Und er hat etwas davon geahnt, was seine Klassenkameradin Ingrid erfahren hat, als sich ihre Eltern scheiden ließen. Als er dies für ihn ganz Unfaßliche mit der Mutter besprach, hat sie ihm erklärt, daß in der Liebe der Eltern zueinander nur ein schwaches Abbild der Liebe Gottes zu den Menschen gegeben ist. Das Abbild kann einen Sprung bekommen oder in tausend Splitter gehen. Verläßlicher noch als die Liebe der Eltern ist die Liebe Gottes, der sich der junge Mensch in der Konfirmation anvertrauen will.

Der Herr versorgt mich,
warum soll ich mir Sorgen machen?
Er gibt mir Nahrung für Geist und Herz,
wenn sonst keiner meinen Hunger stillt.
Wenn alles andere mir zwischen den Fingern zerrinnt,
mit dem die Menschen mich abspeisen.

Wo immer er mich hinführt,
er gibt Lebensfülle und Kraft.
Er gibt mir einen sicheren Schritt.
Er zeigt mir einen Weg,
so gewiß es Gott ist, der mich führt.

Glück und Frieden gibt er mir.
Was soll ich tun?
Ich habe nichts zu geben als mein Gebet,
mein Lied, meinen Dank.
Ich kann nichts geben als dies:
Nehmen, was er mir gibt.

Jörg Zink aus dem Gebet
nach dem 23. Psalm

Laß mich dein sein und bleiben

Fastnacht-Dienstag in Aschermittwochstimmung. Schneematsch auf der Straße, wäßrige Flocken in der Luft – die ganze Stadt eingehüllt in naßkaltes Grau. Drei Helfer vom Malteserorden schleppen einen jungen Burschen ab, den sie wohl in irgendeiner Kneipe stockbetrunken gefunden haben. Dabei ist er gar nicht karnevalistisch angezogen, im Gegenteil. Korrekt, geradezu offiziell gekleidet ist er von zu Hause fort. Unterwegs muß es dann über ihn gekommen sein. Er wollte auch einmal etwas erleben! Nun, er hat den Rausch kennengelernt. Es wird einen faden Nachgeschmack geben, wenn er wieder klar ist und erfährt, daß man ihn hat nach Hause schleppen müssen. – Wenn er sich jetzt selbst sehen könnte, so kläglich willenlos! Und wenn er die Gesichter der zwei Helfer in sich aufnehmen könnte. Da ist nicht die geringste Schadenfreude, nur Klarheit und Sicherheit in der Bereitschaft zu helfen. Es ist nicht ausgeschlossen, daß sie selbst einmal die Erfahrung gemacht haben, ausgerutscht zu sein, und von daher die Bereitschaft gewonnen haben zum Einsatz für andere ohne Selbstgerechtigkeit, in brüderlicher Gesinnung. Der dort hatte sich verirrt. Ihm mußte geholfen werden.

Die Malteser tragen das Kreuz als kleines Zeichen an ihrer Mütze; Hans-Heinrich hat es sichtbar um den Hals gehängt.

Was für ein bunt zusammengewürfelter Haufen mag dort in den Zelten hausen, in guter Gemeinschaft und erfüllt von Idealen einer gerechteren Welt, aber auch mit manchen Problemen belastet. Hans-Heinrich lebt mit den jungen Menschen im Zeltdorf, er ist einer von ihnen. Wie ein Wächter steht er dort, hoch aufgerichtet, dennoch locker und entspannt. Er drängt sich nicht auf. Er ist schlicht da, und das Kreuz auf dem Pullover sagt, daß er der Bruder sein möchte für die vielen, die unterwegs sind, um ein Ziel zu finden.

Junge Menschen drängen innerlich und äußerlich von zu Hause fort. Sie möchten das Leben ausprobieren, sie möchten lernen, ihr Leben selbst zu verantworten. Junge Christen stehen vor dem offenen Horizont und befehlen sich dem Segen und der Führung des Herrn.

Viele sagen: Ich glaube an nichts.
Ich aber möchte glauben an Gott,
den Vater aller Menschen,
der Welten hervorbringt
und Menschen führt.

Viele sagen: Ich glaube an nichts.
Ich aber möchte glauben an Jesus,
den Bruder aller Menschen,
dessen Liebe niemand töten,
dessen Hoffnung niemand begraben kann.

Viele sagen: Ich glaube an nichts.
Ich aber möchte glauben an den Geist,
der die Menschen zusammenführen und
das Angesicht der Erde erneuern will.   Lothar Zenetti

Fotonachweis

Titelfoto:
Oswald Kettenberger, Maria Laach
Fotos auf den Seiten 5 und 37:
Hans Lachmann, Düsseldorf
Alle übrigen Fotos:
Oswald Kettenberger, Maria Laach

Bibelübersetzungen,
die in diesem Heft verwendet wurden

Revidierte Luther-Bibel 1964
Württembergische Bibelanstalt,
Stuttgart

Womit wir leben können
Das Wichtigste aus der Bibel
in der Sprache unserer Zeit.
Für jeden Tag des Jahres ausgewählt
und neu übersetzt von Jörg Zink
Kreuz-Verlag, Stuttgart–Berlin

Unser Dank gilt allen Autoren und
Fotografen für ihre Beiträge –
und allen Verlagen für ihre freundlich
erteilten Genehmigungen zum Abdruck
der gewählten Texte.

Literaturnachweis

Ingrid Richthammer
Manchmal frage ich mich . . .
aus Wie wir es sehen
Signal-Verlag, Baden-Baden

Kurt Rommel
Laß uns in deinem Namen, Herr . . .
aus Gott schenkt Freiheit
Burckhardthaus-Verlag GMBH.,
Gelnhausen und Berlin

Peter Spangenberg
Wir sind hier . . .
aus Mit Gott reden
Gütersloher Verlagshaus Gerd Mohn,
Gütersloh

Lothar Zenetti
Viele sagen: Ich glaube an . . .
aus Texte der Zuversicht, S. 245
Verlag J. Pfeiffer, München

© 1974 Johannes Kiefel Verlag, Wuppertal
2. Auflage 1974
Satz und Druck: J. F. Steinkopf, Stuttgart
Einband: Verlagsbuchbinderei W. Berenbrock, Wuppertal
ISBN 3 7811 0087 1